すきとおる朝

JUNIOR POEM SERIES

村瀬保子　詩集・武田淑子　絵

もくじ

I　かあさんの目

II　ふるん

Ⅰ かあさんの目

おかあさん　とよぶと

はるかぜが　そっとふいて
チューリップのはなが　ひらいた

ことりのなきごえで　ひとつ
わたしのうたにあわせて　ひとつ

ひらいたはなが
わたしをみつめて　わらったの

「おかあさーん」って　よんだら
またひとつ

おかあさんが　わらったら
おにわもわらって
またひとつ
チューリップのはなが
ひらいた

かあさんの目

ぼくが　すべり台にのぼると
かあさんの目が
いっしょにすべるよ

ぼくが　ブランコにのると
かあさんの目が
空でゆれている

ぼくが　自転車《じてんしゃ》にのると

かあさんの目が
背中《せなか》にはりつく

ちょっぴり
じゃまな時もあるけれど
はなれていても見えるんだ
かあさんの目には
いつも　いつも　いつも
ぼくがいる

つくしの詩《うた》

つくしが　つん
つくしが　つん
土をおしあげ　かおを出した
ゆめみたせかいは　まだ冬で
ぼうずあたまが　おおさむい

つくしが　つん
つくしが　つん
天までとどけと　せのびする

おひさまやさしく　手をかざし
はかまをつけて　あげました

つくしが　つん
つくしが　つん
みんなで首ふり　うたってる
なのはなふうわり　ほころんで
なんだかうれしい　春のかぜ

春のしらべ

雨あがり
山すそをぬって
せせらぎが　きらきら
ひかりをのせて
流れてゆく

とびちるしぶき
小川へむけて
おしあいへしあい

海にむかって
はやく　はやく
風も急《いそ》いで
ついてゆく

五月

わかばっていいな
あしたを　きらきら　だいていて
ちからを　ぐんぐん　ひめていて
いまにも　やさしく　とびだしそう

「五月」っていいな
わかばが
じんじんしてる

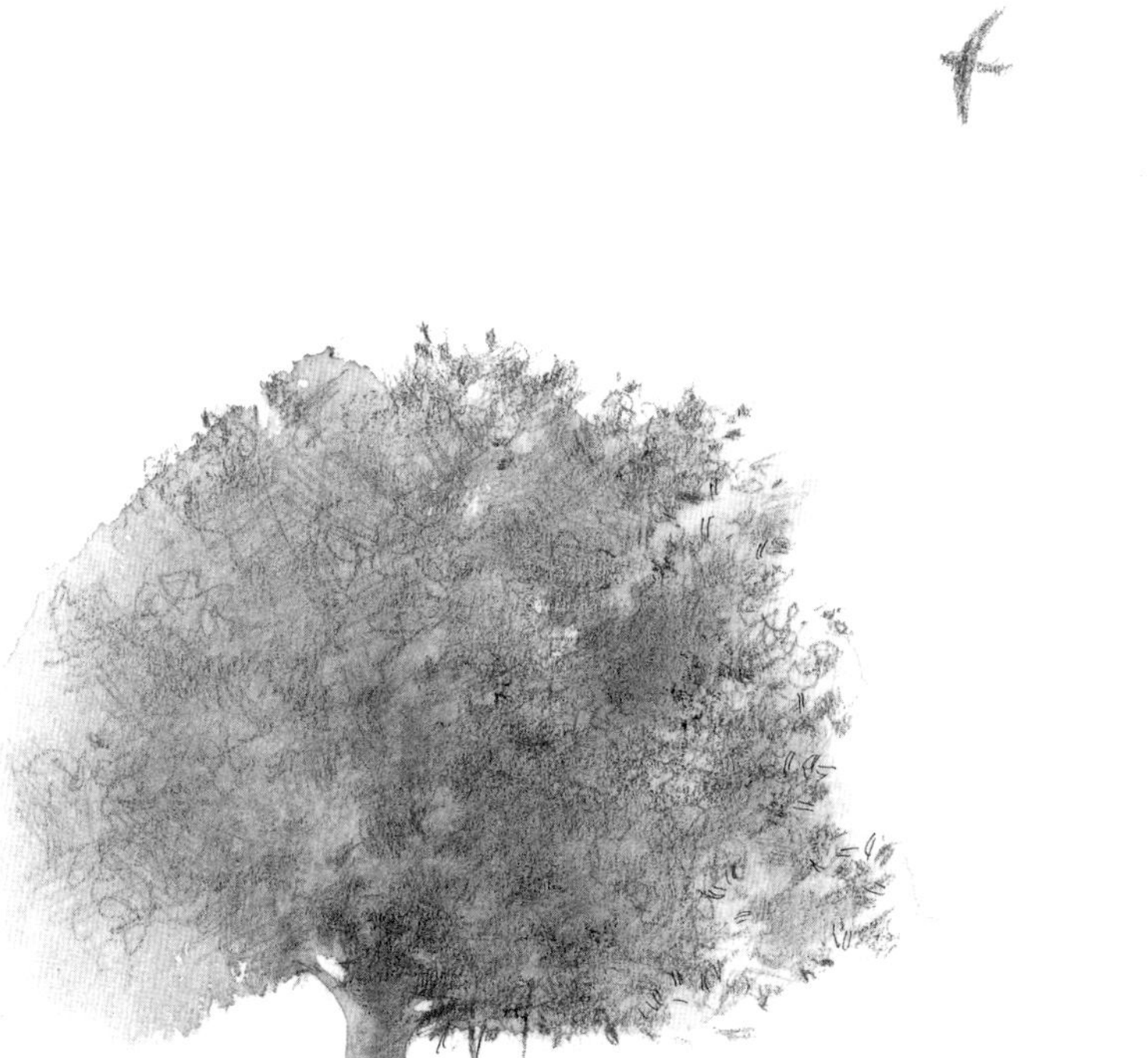

なみが　ちゃっぷん

はじめてのうみに
あしを　そおっと　ひたしたら
なみが　ちゃっぷん　やってきた
ちゃっぷん
ちゃっぷん
こんにちは

はじめてのうみに
「さようなら」といったら

なみが　おへんじ
ちゃっぷん
ちゃっぷん
さようなら

ちゃっぷん
ちゃっぷん
またおいで

きんもくせいのかおり

ひらいた窓に
ただよってくるかおり
きんもくせいのかおりでしょ

ゆうべ
つぼみたちがみたゆめを
おしゃべりしているかおりでしょ

ひかりとあそんだかおりでしょ
ゆめのなかみのかおりでしょ

「と」というじ

おっとっとっと　とっとっとっと
おっとせいじゃないよ

とっとっとっと　とっとっとっと
とおせんぼでもないよ

「と」といううじは　うれしいな
とうさんとかあさん
きみとぼく

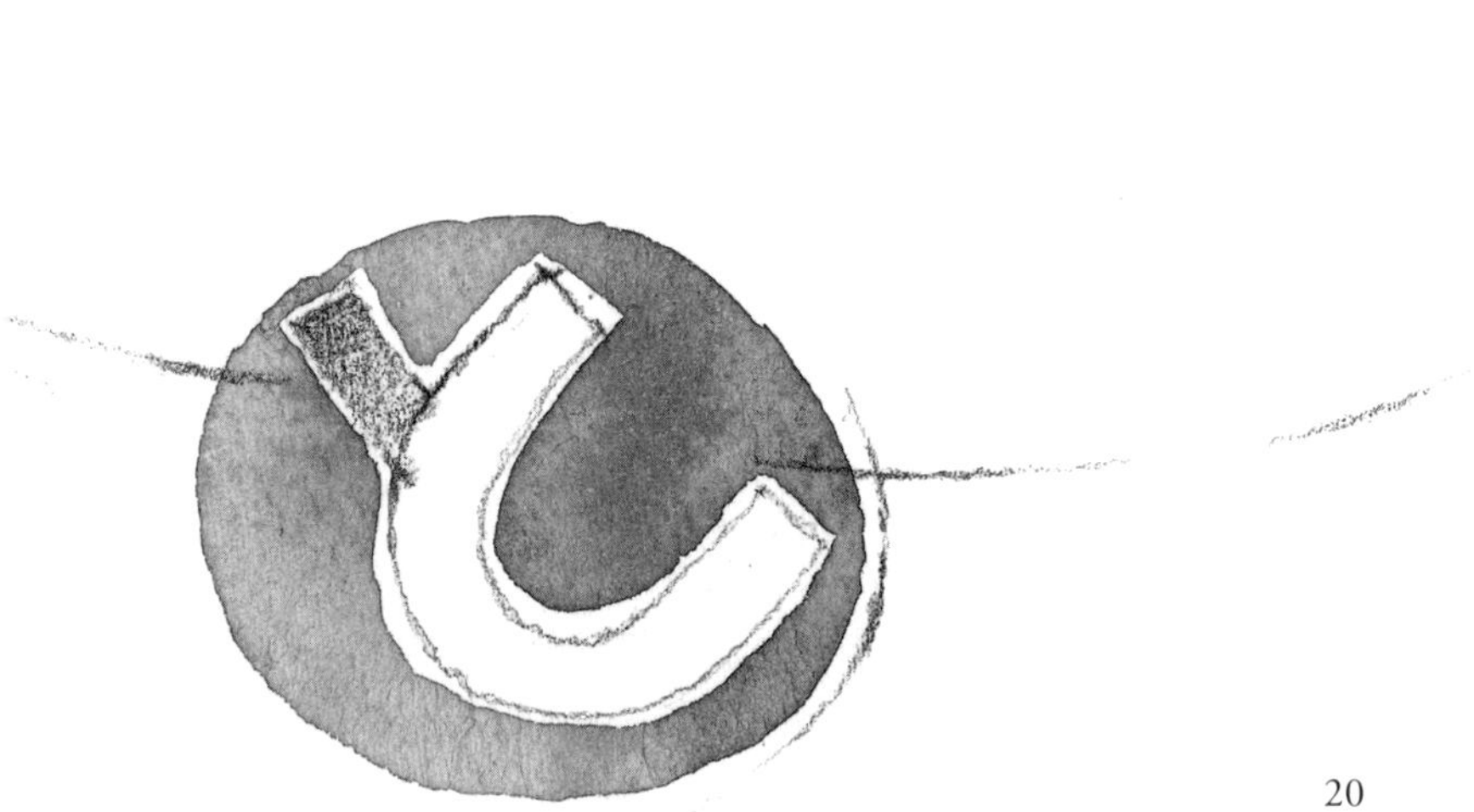

だれかとだれかを　つないでる

「と」というじは　たのしいな
サラダとオムレツ
ぎゅうにゅうとパン
なにかとなにかを　くっつける

えがおとえがおも　くっつける
そらとうみも　くっつける
「と」というじは　やさしいな
「と」というじは　ちからもち

「ん」と「うん」

ぎんなん　たべると
「ん」　ふたつ
なんきん　たべても
「ん」　ふたつ

にんじん　れんこん
「ん」「ん」「ん」「ん」

きんかん　ぽんかん

きんぽん　かんぽん

「ん」をたべると
「うん」がつく

うん　うん　うん　うん
「うん」がつく

※冬至のころ、「うどん」など「ん」のつく食べ物を食べると「運」がつくと言われています。

あかちゃんのひとみ

あかちゃんのひとみは
まっさらなフィルター
ゆがんだ心や
ごみやほこりもはねのける

あかちゃんのひとみは
すみきったみずうみ
ちいさなわたしが
すいこまれてゆく

あかちゃんのひとみを見つめていると
わたしが
すこしずつ
いい人になってゆく

おかあさんの手《て》

もつ　はこぶ
かく　けす
はく　ふく
ぬう　きる

いっぱい
いっぱいある
手のおしごと

とる　はかる　かざす
さす　ふる　にぎる

けれど
手のいちばんうれしいおしごとは
ほら
あなたにふれること
あなたをなぜること
だく
きつくだきしめること
あなたをまもること

Ⅱ　ふるん

風のはじまり

風はどこで生まれるのだろう
どこから風になるのだろう

朝早く
鏡《かがみ》のような池の面《も》を
アメンボが　すーいとよこぎった
かすかに空気がふるえた
初鳴《はつな》きの小鳥のさえずりに

花たちが　いっせいにふり返った
わずかに空が持ち上げられた

おどろいた鳥たちが
木々の枝をとび移《うつ》っていく
静寂《せいじゃく》が切られて
ちいさく空が
はばたいた

つゆだま

さといもの
葉っぱの上に
ぷるんとまるまった
まっさらな朝

その中で
天地《てんち》が
風にゆれている

そっと
手のひらにのせると
わたしが宇宙《うちゅう》に
すけてゆく

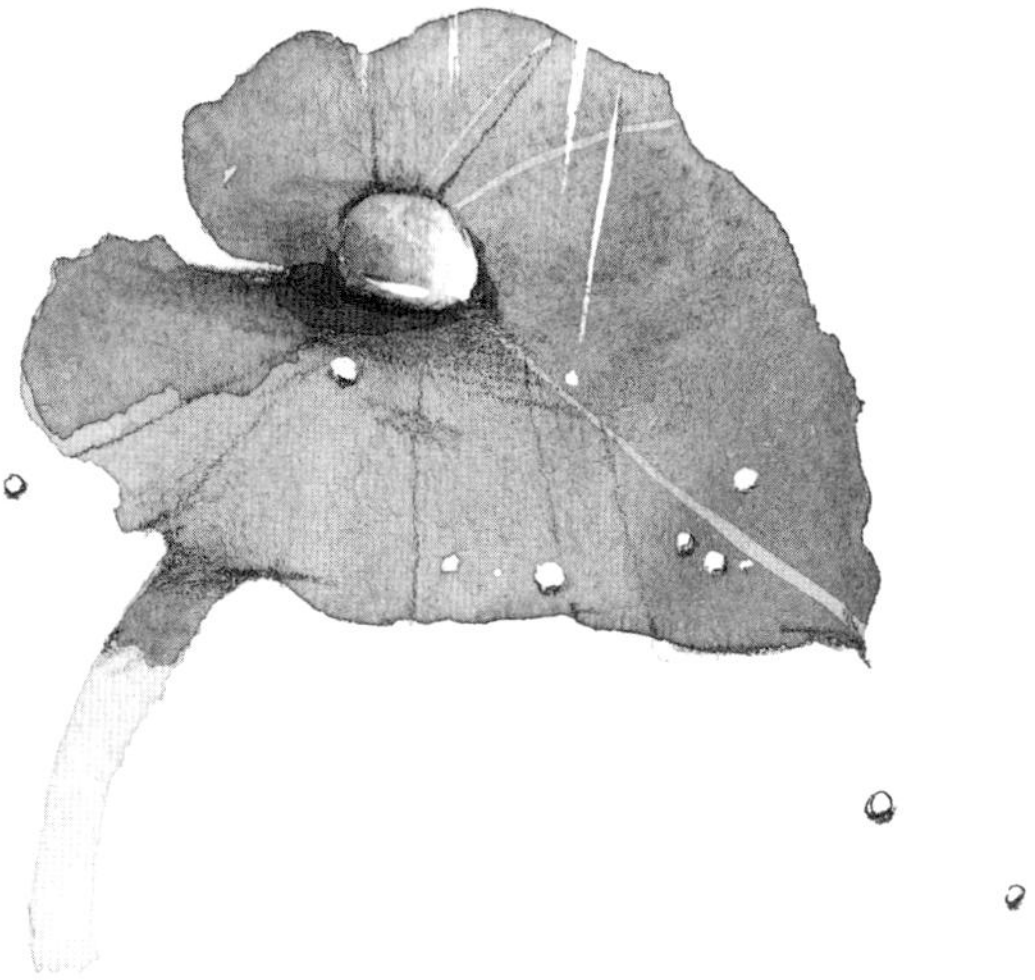

さくら

さくら　さくら　さくら
　さくら　さくら　さくら
さくらの花びらの数だけ
人をそめて

街をそめて
山をそめて
空をそめて

さくら　さくら　さくら
春にそめて
春をそめて

ふるん

若いもみじの葉っぱが　ひとつ
ふるん　と
波うった

また　ひとつ
ふるん
ふるん

目をこらすと
静止《せいし》した六月の庭に
みじかい雨足《あまあし》

かすかに
雨音《あまおと》もする
うらの田んぼから
かえるの鳴き声
うす曇《ぐも》りの空から
また
ふるん
梅雨《つゆ》入りまえの
雨の
あいさつ

レモンの月

満月《まんげつ》の夜
台所《だいどころ》の灯《あか》りに誘《さそ》われて
やもりが
窓《まど》のむこうで
レモン

ひとかけの月になっている

夕立《ゆうだ》ち

風がうなって
ライオンの
たてがみになる

夕立が
きみどりいろの稲穂《いなほ》を
咆哮《ほうこう》する

きゅうりのつる

ほそ長い触手《しょくしゅ》が
葉っぱの数だけのびてゆく
広い宙《そら》を手さぐりで
風に押《お》されながら
確《たし》かなものにむかって

しゅるしゅる
しゅるしゅる

みつけた希望《きぼう》は
はなさない

初《しょ》秋《しゅう》

朝のほんのひととき
白い雲《くも》を背《せ》に
ふようの葉が
ゆれている

じっとみつめていると
秋のこどもたちが
葉かげで

金の糸を引いている
夏から
秋へと

キャンバスの月

レースのカーテンのむこう
北山杉《きたやまつぎ》のシルエットの上に
ぽつんと
夏を残した
半月《はんげつ》が
立ち泳《およ》ぎしている

夕やみにのまれる前の
しずかな絵《え》の中で

刻《こく》々と
秋いろを深めてゆく

あしたから
十月

みずたまり

夕ぐれて
ぽつんとさみしい
みずたまり

道のまんなか
風ばかり
木々の葉ゆれて
くれてゆく

夜ふけて
なんだかうれしい
みずたまり

月が空から
おりてきて
ほんのりあたため
そいねする

木の葉が　みつよつ
おきゃくさま

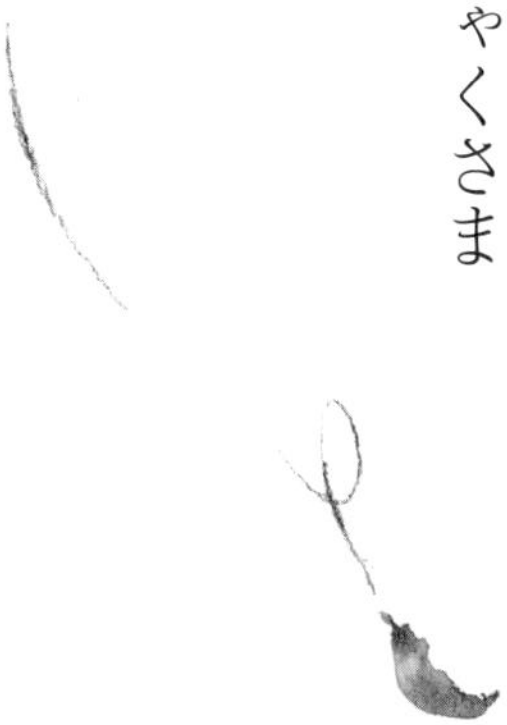

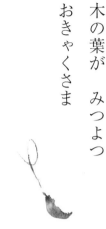

落《らく》葉《よう》

昨夜《さくや》の風に
もみじの木が
きっぱりと
枯葉《かれは》をおとした

庭の木々から
いさぎよく
昨日までの
色が消え

灰色《はいいろ》が濃《こ》くなり
風がうなり声を上げはじめた空

「さあ　こい　冬」
細い枝先が
ぐっと
空をつかむ

Ⅲ　風のいざない

灯《あか》り

ふっと
灯りがほしくなる時がある
ほそいほそい
心のすきまをあたためる
ローソクのような灯り

ふるさとの山裾《やますそ》にちらばる
民家《みんか》の灯り
はだか電球《でんきゅう》の障子《しょうじ》の灯り
岬《みさき》のはしに置かれた
常夜燈《じょうやとう》の灯り

そんな灯りが　しんから
ほしくなる夜がある

砂《さ》丘《きゅう》

砂丘は
いつも
まっさらな
キャンバス

わたしの傷《きず》あとを
あとかたもなく
消し去ってくれる

けれど
砂丘は
あまりに淋《さみ》しい
思い出にふり返る
目印《めじるし》も
ない

風のおとしもの

きのう
砂丘《さきゅう》に
きっぱりと埋《うず》めた
風の思い

けさ
もう一度だけ　確《たし》かめたくて
きのうの道を辿《たど》っている

風紋《ふうもん》に手型《てがた》をかさね
一枚一枚めくってみても
きのうの自分は
みつからない

風が
落としものを探《さが》して
砂丘をさまよっている

くつ音

まゆ月《づき》の中を
コツ　コツ　コツ　コツ
家路《いえじ》に向かう　わたしの
疲《つか》れたくつ音

こつ　こつ　こつ　こつ
すこし後《うし》ろから
だれかがついてきている
その音に

わたしと同じさみしさが潜《ひそ》んでいて
ふと　ふり返る
だれもいない

わたしを
ひそかに見守《みまも》っている
もう一つの
くつ音

※まゆ月《づき》—眉に似た細い月。三日月

風のいざない

風がひとつ
わたしの前で
みもざの花を
ゆらしていった

また　つぎの風が　大きく
枝をゆらして去ってゆく

細い道に立ち止まっているわたしに
大通りはこっちだよ　と
手招《てまね》くように

わたしはときどき迷子《まいご》になる
よりよい道を探して

迷子になりそうなわたしを
今　また　風が
花をゆらして
いざなってゆく

「私」をほどく

心が少し窮屈《きゅうくつ》になると
四角い漢字《かんじ》の自分の名まえを
ストレッチをしながら
分解《ぶんかい》してゆく

木・寸・シ・束・頁・イ・呆・子

ほどいたパーツは　尾《お》ビレをつけ
青い空へと舞《ま》い上がる

雲につかまり　雲になるもの
鳥の背に乗り　鳥になるもの
眺《なが》める下界《まち》のちいささ
空の広さ
酸素《さんそ》をたっぷり吸《す》った「私」は
いつのまにか　ひらがなになり
ゆうらり　ゆらり
　ゆうらり　ゆらり
みどりの野原に　無事帰還《ぶじきかん》

ああ　もう少し
このままで

虫喰《むしく》いの窓

ブラックベリーの葉っぱに
虫喰いの穴《あな》が目立つ晩秋《ばんしゅう》

見上げれば
びっしりと
覆《おお》われた雲のむこうに
ちいさく光る青い空
それは雲の穴

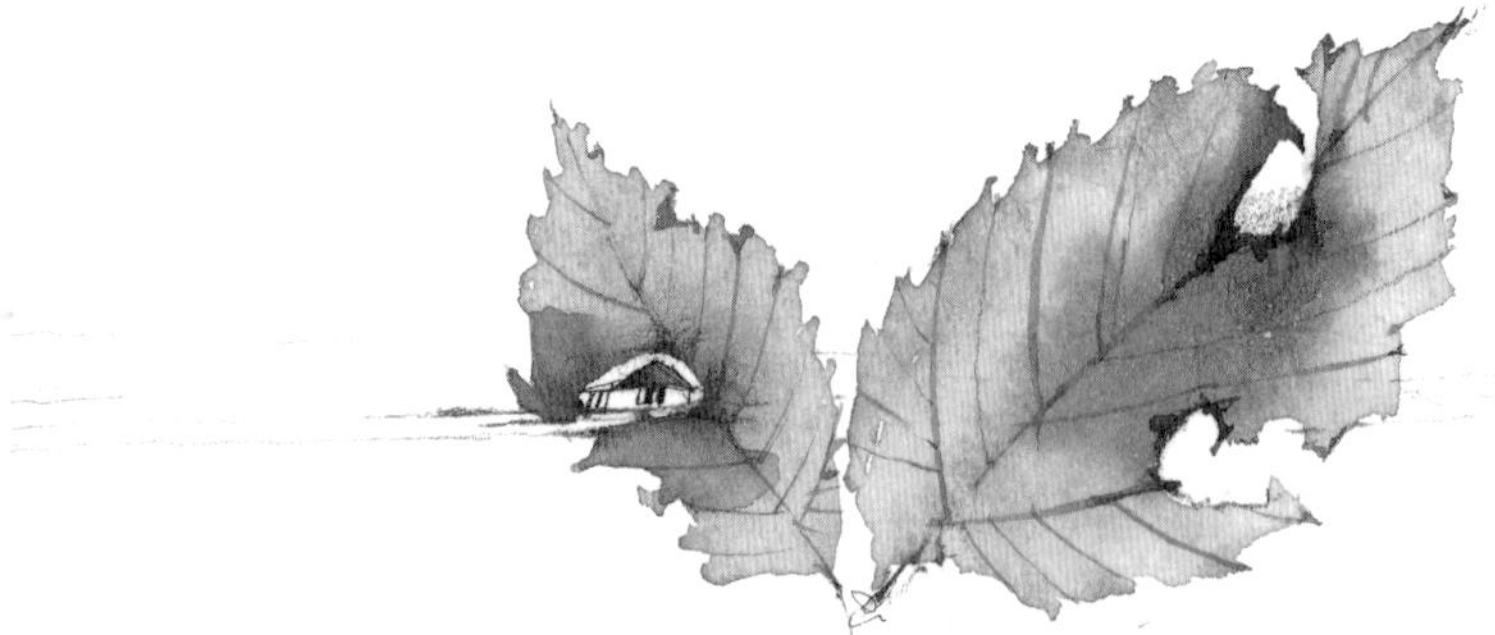

空の窓《まど》
窓からさしこむ光は
希望そのもの

わたしの中にもありそうな
ちいさな虫喰いのあと
けれど　それは　繕《つくろ》わなくていい
そこは　いつか　きっと
光がさしこむ場所
希望がとび立つ窓だから

風の道

二階の窓をひらく
澄《す》んだ朝の風に
カーテンが波《なみ》うつ

つぎつぎ窓をあけてゆく
紅葉《もみじ》まっさかりの庭が
目にとびこんでくる
そこへむかって
少しよどんでいたわたしの部屋《へや》の空気が

一気に　風になって
吹きぬけていった

上空を
まっすぐな線を引いて
飛んでゆく飛行機《ひこうき》

わたしの中にも
すがすがしい　一本の
白い線が走った

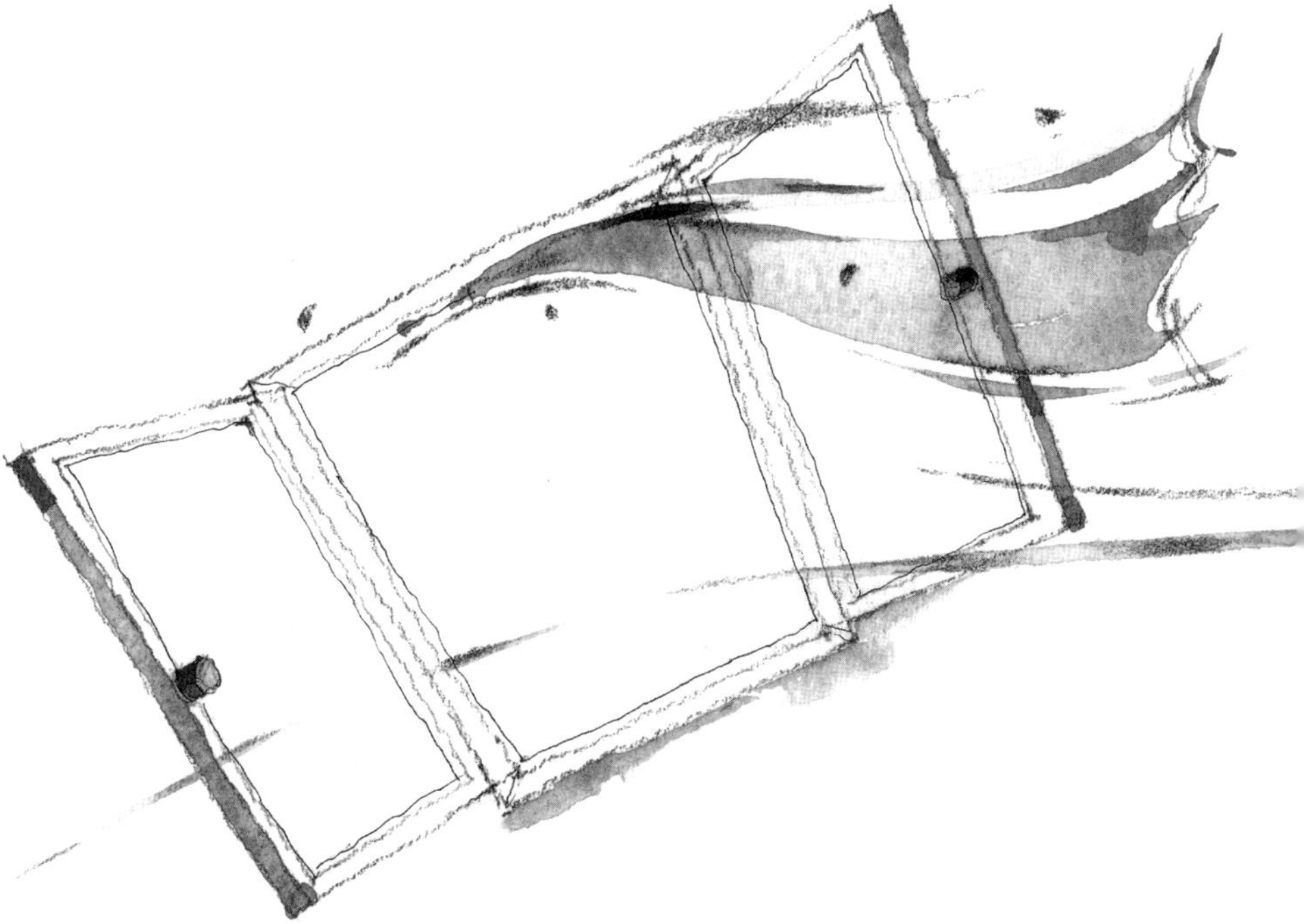

寒《かん》ざくら

うす雪の舞う
はだか木のすきまに
寒ざくら
ひっそりと

ちいさな花びら
つつしみぶかく
けれど
りん　として

いまを選《えら》んで
いまを咲く

Ⅳ　すきとおる春

ちょうちょ

虹《にじ》いろにすきとおったちょうちょが
わたしのまわりを
ひらひらと　とぶ

かろやかに
やさしく
夢《ゆめ》みるように

ふと
ちょうちょが見えなくなった
どこへいったの

おやっ
いま
わたしのなかで
ひらひらと
とんでいる

かさ

ななめに傘《かさ》がよりそい
ひとつになって

かさの中は
二人だけのせかい
たいせつな思いを
たがいにあたためあっている

落とさぬように
濡《ぬ》らさぬように

よりそって

すきとおる春

きみとわたしの笑《わら》い声に
森の木々が目を覚《さ》ました
冬眠《とうみん》を終えた虫たちの瞳《ひとみ》に
ひと足早い春がうつる

すきとおる風
うすい木《こ》もれ日《び》のなか
きみの白いシャツが
見えかくれして

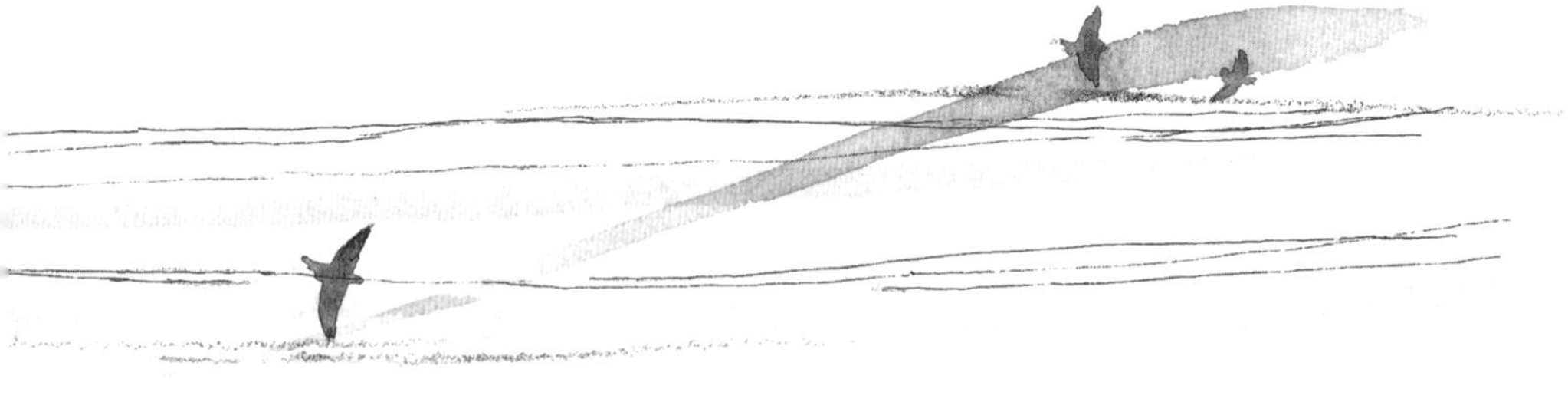

二人のはずむ息が
きらめく光の輪《わ》になって
あちこちの枝先に
とまってゆく

羽根《はね》を休めていたことりが
首をのばし
白い光の花に
ふれている

春

せみのぬけがら

雪のまう庭

きんもくせいの葉うらに
せみのぬけがらがひとつ
夏の日の姿のままで
しがみついている

あの日から
いくども
強い風は吹いた
激《はげ》しい雨も降ったのに

よほどの思いがあったのだろう
飛《と》び立っていったものへ
いつか帰《かえ》ってくる場所《ばしょ》は
ここだと
ここだと

きらめくシャワー

五月晴れの日
ホースで庭に水やりをする
遠くへはジェット水流《すいりゅう》で
近くの鉢植《はちう》え　花壇《かだん》には
シャワーにして

少し空へ向けたホース
ひかりの中に隠《かく》れていた
無数《むすう》のよろこびたちが

シャワーに姿《すがた》を呼《よ》び戻《もど》されて
次から次へと
羽根を広げたしぶきとなって
きらめき
あふれ出てくる

私の思いもいっしょになって
花たちのひとみに
ふりそそぎ
ふりそそぐ

かげろう

乗客《じょうきゃく》のいない
電車のフロアーに
かげろうが燃《も》えている
窓枠《まどわく》に切りとられた
風景《ふうけい》の中で
ひっそりと

あじさい

虹《にじ》の中から探しだした
小さな小さな　夢《ゆめ》のかけら
わたしのいろ

そのいろを　風にそよがせ
木《こ》もれ日《び》に　いのちはずませ
月のかげには　ときめいて
雨の日には　ひっそりと

まわりの景色《けしき》に合わせながら
咲いている

日々のよろこび　かなしみに
いろを重ね
いろを深め
愛《あい》を抱《いだ》いて

今　わたしはすけてゆく
新しい命のために
なつかしい
空の中へ

窓をひらいて

軒下《のきした》の
つばきの花影《はなかげ》をゆらし
わたしの窓を
そっと打つ風は
東風《こち》
あなたからの風

遠い町から
ひそやかに

目覚《めざ》めの野を　いくつもかけ抜《ぬ》け
わたしの元《もと》に　来てくれた風
かわらぬ思いを　伝えるように
やさしい笑顔《えがお》で
わたしの窓を　今朝も打つ

いとしい風
窓をひらいて　わたしは
風を抱きとめる

※歌曲発表時のタイトル「花影」を改題

村瀬保子詩集に寄せる
「生きる喜び　いのちの神秘をうたう」

詩人　野呂　昶

詩人は愛媛県の石鎚山の麓の田園地帯に生を受け、朝夕、山からの清流の水音を聞きながら育ちました。そのせいでしょう、作品の根底には、いずれも清らかで澄明なエスプリ（詩性）がいきづいています。しかもそのエスプリは、人間的なやさしさや、あたたかさに包まれています。それらは生来的な資質とともに郷土によって育まれたものでしょう。

作品を見てみましょう。

おかあさん　とよぶと

はるかぜが　そっとふいて
チューリップのはなが　ひらいた

ことりのなきごえで　ひとつ
わたしのうたにあわせて　ひとつ

ひらいたはなが
わたしをみつめて　わらったの

「おかあさーん」って　よんだら
またひとつ

おかあさんが　わらったら
おにわもわらって
またひとつ
チューリップのはなが
ひらいた

チューリップの花は、春の花壇の主役、庭がぱっと明るくなります。そのチューリップが、「ことりのなきごえで　ひとつ」「わたしのうたごえで　ひとつ」つぎつぎ咲いていきます。そして、目を輝かせて見つめている私に笑いかけるのです。なんと明るく楽しい光景でしょう。「おかあさーんって　よんだら　またひとつ」「おかあさんが　わらったら／おにわもわらって／また　ひとつ」

子どもは、お母さんが大好きです。全存在をかけて寄りそい、育っていきます。お母さんの喜びは、子どもの喜び、子どもの喜びは、お母さんの喜びです。母と子の信頼や喜びが、春の花壇のチューリップの花の開花を通して、なんと鮮やかにいきいきとうたわれていることでしょう。

かあさんの目

「ぼくが　すべり台にのぼると／かあさんの目が／いっしょにすべるよ」「ぼくが　ブランコにの

ると／かあさんの目が／空でゆれている」

　この作品も母と子の深い信頼と愛をうたった詩で、いつ、どんな時も母と子が一体であることを、喜びを持ってうたっています。これは公園などでは、どこでも見られる情景ですが、「おかあさんの目が、いっしょにすべる」という視点でうたった作品は、今までどこにもありませんでした。詩人の独自の鋭い感性がとらえた詩性、表現といえるでしょう。

「かあさんの目には／いつも　いつも　いつも／ぼくがいる」

　母親とはなんとすばらしい存在でしょう。

つゆだま

さといもの
葉っぱの上に
ぷるんとまるまった
まっさらな朝

その中で
天地が
風にゆれている

そっと
手のひらにのせると
わたしが宇宙に

すけていく

里芋の葉の上に下りた〝つゆ玉〟。その中にまっさらな朝が、ぷるんとまるまっているというのです。まっさらな朝とは、夜があけたばかりの新しい光、その光に照らされた澄みきった空、その下の山野のことでしょう。その光景が小さな小さなつゆ玉の中で、まるまっているのです。小さなつゆ玉の中に凝縮された天地、そのつゆ玉を手にのせると、わたしが宇宙そのものになっていく。宇宙に透化されていく。なんと澄明なすきとおった感覚でしょう。

夕立ち

風がうなって
ライオンの
たてがみになる

夕立ちが
きみどりいろの稲穂を
咆哮する

急に空が暗くなり、激しい雨とともに風が咆哮する夕立の様子を、実に的確にとらえ表現されています。いちめんに色づいた稲穂が、まるで恐ろしいライオンの咆哮と、そのたてがみさながらに、ゆれ動く、激しい夕立の様子が、いきいきと目の前に浮かびあがり、戦慄さえ感じます。

詩は感動の表現ですが、このわずか六行の短い詩文によって、荒れくるう夕立の様子が見事に表現されていて、詩人としてのすぐれた才能を感得させる作品です。

灯り

ふっと
灯りがほしくなる時がある

ほそいほそい
心のすきまをあたためる
ローソクのような灯り

ふるさとの山裾にちらばる
民家の灯り
はだか電球の障子の灯り

岬のはしに置かれた
常夜燈の灯り

そんな灯りが　しんから
ほしくなる夜がある

心の隙間にふとかげる淋しさ、それは有限の存在である人間の、だれもが持つ感情でしょう。「淋しさの果てなむ国ぞ　今日も旅ゆく」とうたった詩人がいましたが、生きるとは、本来そういう営為です。それだけに、それをあたためる灯がほしい、いや、そういう灯りがなくては生きられないのが、人間という存在です。

「ほそいほそい／心のすきまを　あたためる／ローソクのような灯り」それは細い細い灯りではあっても、心を包みこむあたたかな灯りでしょう。

「ふるさとの山裾にちらばる／民家の灯り」それは、生まれ育った郷里のあたたかい人々の心の灯りでしょう。

「そんな灯りが　しんから／ほしくなる夜がある」ほんとうにその通りで、人はだれもがそういう灯りを求めて生きています。生きることの本源を見つめた、すぐれた作品です。

あじさい

虹の中から探しだした
小さな小さな　夢のかけら
わたしのいろ

そのいろを　風にそよがせ
木もれ日に　いのちはずませ
月のかげには　ときめいて

雨の日には　ひっそりと
まわりの景色に合わせながら
咲いている

日々のよろこび　かなしみに
いろを重ね
いろを深め
愛を抱いて

今　わたしはすけてゆく
新しい命のために
なつかしい
空の中へ

大空にかかる七色の虹、その中から大好きな色を選んで花の色にする〝あじさい〟。その色を「小さな小さな夢のかけら／わたしのいろ」とうたい出す。あじさいの花の色に自身の人生を暗喩してうたっているのです。夢とは人生への希望・あこがれでしょう。「そのいろを　風にそよがせ／木もれ日に　いのちはずませ／月のかげには　ときめいて／まわりの景色に合わせながら／咲いている」その色は、よろこびであり、哀しみであり、ある時は苦しみでもあります。そうした人生の喜怒哀楽をひそめながら、あじさいは「まわりの景色に合わせながら／咲いている」のです。詩人にとって、あじさいの花の色は、自身の人生そのものでもあるのでしょう。

「日々のよろこび　かなしみに／いろを重ね／いろを深め／愛を抱いて」「わたしはすけてゆく」初夏の山野や庭に咲く、さわやかなあじさいの花、雨や風に刻々と花の色を変え、まわりの景色にすけていきます。詩人も又、大自然の真理にすべてを任せ、「日々のよろこび　かなしみに／いろを重ね／いろを深め／愛を抱いて」生きているのです。


このたびの詩集は、幼児から小中学生・大人にわたる巾広い読者を対象に書かれています。どの作品にも共通して描かれているのは、生きるよろこび、いのちの神秘についてです。自然や身のまわりの日常的な生活を通して、その中から生きるよろこびを発見し、さらには、いのちの神秘にせまっています。哲学が思惟による真理の探究とするならば、詩は感性による真理の探究といえるでしょう。

平易なだれにでも判る表現を使いながら、詩人は、そうした高遠な真理の世界を描こうとしています。この詩集が多くの読者に、よろこびをもって迎えられることを祈っています。

あとがき

この度の詩集は私の第二詩集です。作品を編むにあたり、これ迄に書きためてきたものを改めて読み直してみました。私はその折り折りにふっと感じたこと、心うごかされたことを、ありのままにスケッチしてきましたが、それらの作品たちはその時その時の私の分身のようで、感慨深いものがあります。私は今もふるさとによく似た感じの町に住んでいますけれど、詩の原点は、のどかな田園風景の広がる郷里（愛媛）の風土や民俗にあると、しみじみと思いました。

今回の詩集では、第一章を幼年を対象に、第二章は季節や自然を、第三章では心の動きを、第四章では希望や愛を、という構成で、目線をやや若い人達の所に置いてみました。この詩集が読者の皆さまに、一人でも多く共感していただければ嬉しい限りです。

詩集の出版にあたり、野呂昶先生には大変お世話になりました。又、素敵な挿画で詩集を飾って下さいました、画家の武田淑子さま、細やかに編集の労をおとりいただいた、銀の鈴社の西野真由美さま、私が属している「ポエムの森」の同人の皆さまにも心から感謝を申し上げます。ありがとうございました。

二〇一八年　六月吉日

村瀬保子

詩・村瀬　保子（むらせ　やすこ）

1943年、愛媛県西条市に生まれる。

2005年度、愛の詩集「窓をひらいて」（てらいんく刊）で、三越左千夫賞を受賞。2015年、自作詩による歌曲集CDを出版。

2017年、作曲家、和泉耕二氏との歌曲集「南十字星」（カワイ出版刊）などがある。

日本児童文学者協会、詩と音楽の会、まほろば21世紀創作歌曲の会、会員。

「ポエムの森」同人。大阪府在住。

絵・武田　淑子（たけだ　よしこ）
埼玉県出身、女子美術大学デザイン学科卒。

NDC911
神奈川　銀の鈴社　2018
100頁　21cm（すきとおる朝）

ジュニアポエムシリーズ　279　2018年7月7日発行
本体1,600円＋税

すきとおる朝

著　　者　村瀬保子©　絵・武田淑子©
発 行 者　柴崎聡・西野真由美
編集発行　㈱銀の鈴社　TEL 0467-61-1930　FAX 0467-61-1931
〒248-0017　神奈川県鎌倉市佐助1-10-22 佐助庵
http://www.ginsuzu.com
E-mail　info@ginsuzu.com

ISBN978－4－86618－043－4　C8092　印刷　電算印刷
落丁・乱丁本はお取り替え致します　製本　渋谷文泉閣

…ジュニアポエムシリーズ…

1 鈴木敏史詩集 宮下琢郎・絵 星の美しい村 ★☆
2 小池知子詩集 高志孝子・絵 おにわいっぱいぼくのなまえ ★☆
3 鶴岡千代子詩集 武田淑子・絵 白い虹 児文芸新人賞
4 楠木しげお詩集 久保雅勇・絵 カワウソの帽子
5 津坂治男詩集 垣内美穂・絵 大きくなったら ★◇
6 後藤れい子詩集 山本まつ子・絵 あくたれぼうずのかぞえうた
7 北村蔦子詩集 柿本幸造・絵 あかちんらくがき
8 吉田瑞穂詩集 吉田翠・絵 しおまねきと少年 ★⊠◎
9 新川和江詩集 葉祥明・絵 野のまつり ★☆
10 阪田寛夫詩集 織茂恭子・絵 夕方のにおい ★◈☆○
11 高田敏子詩集 若山憲・絵 枯れ葉と星 ★☆
12 原田直友詩集 吉田翠・絵 スイッチョの歌 ★◎
13 小林純一詩集 久保雅勇・絵 茂作じいさん ★◉●☆◎
14 谷川俊太郎詩集 長新太・絵 地球へのピクニック ★◎
15 与田準一詩集 深沢省三・深沢紅子・絵 ゆめみることば ★
16 岸田衿子詩集 中谷千代子・絵 だれもいそがない村
17 江間章子詩集 榊原直美・絵 水と風 ◇◎
18 原田直友詩集 小野まり・絵 虹―村の風景― ★
19 福田正夫詩集 福田達夫・絵 星の輝く海 ★☆
20 草野心平詩集 長野ヒデ子・絵 げんげと蛙 ★☆○◇
21 宮田滋子詩集 青木まさる・絵 手紙のおうち ☆○
22 久保田昭三詩集 斎藤彬子・絵 のはらでさきたい
23 鶴岡千代子詩集 加倉井和夫・武田淑子・絵 白いクジャク ★●
24 尾上尚子詩集 まど・みちお・絵 そらいろのビー玉 ★☆児文協新人賞
25 水上紅詩集 深沢紅子・絵 私のすばる ☆
26 野呂昶詩集 福島一二三・絵 おとのかだん ★
27 こやま峰子詩集 武田淑子・絵 さんかくじょうぎ ☆
28 青戸かいち詩集 駒宮録郎・絵 ぞうの子だって
29 まきたかし詩集 福田達夫・絵 いつか君の花咲くとき ★☆♡
30 薩摩忠詩集 駒宮録郎・絵 まっかな秋 ★☆♡
31 新川和江詩集 福島一二三・絵 ヤァ！ヤナギの木 ★☆○♡
32 井上靖詩集 駒宮録郎・絵 シリア沙漠の少年 ★☆♡
33 古村徹三詩・絵 笑いの神さま
34 江上波夫詩集 青空風太郎・絵 ミスター人類 ○☆
35 秋原秀夫詩集 鈴木義治・絵 風の記憶 ★◎
36 水村三千夫詩集 武田淑子・絵 鳩を飛ばす
37 久冨純江詩集 渡辺安芸夫・絵 風車 クッキングポエム
38 日野生三詩集 吉野晃希男・絵 雲のスフィンクス ★
39 佐藤雅子詩集 佐藤太清・広瀬きよみ・絵 五月の風 ★
40 小黒恵子詩集 武田淑子・絵 モンキーパズル ★
41 木村信子詩集 山本典子・絵 でていった
42 中野栄子詩集 吉田翠・絵 風のうた ☆
43 宮田滋子詩集 牧村慶子・絵 絵をかく夕日 ★
44 大久保テイ子詩集 渡辺安芸夫・絵 はたけの詩 ★☆
45 秋原秀夫詩集 赤星亮衛・絵 ちいさなともだち ♥

☆日本図書館協会選定（2015年度で終了）
★全国学校図書館協議会選定（SLA）
□少年詩賞　■茨城県すいせん図書
◎厚生省中央児童福祉審議会すいせん図書
●日本童謡賞　♧岡山県選定図書
♡日本子どもの本研究会選定
♥秋田県選定図書
♣愛媛県教育会すいせん図書
◇岩手県選定図書
◆京都府選定図書
⊠芸術選奨文部大臣賞
◉赤い鳥文学賞　◈赤い靴賞

…ジュニアポエムシリーズ…

46 日友靖子詩集 藤城清治・安西明美・絵　猫曜日だから ◆☆
47 秋葉てる代詩集 武田淑子・絵　ハープムーンの夜に ♡
48 こやま峰子詩集 山本省三・絵　はじめのいーっぽ ★♡
49 黒柳啓子詩集 金子滋・絵　砂かけ狐 ♡
50 三枝ますみ詩集 武田淑子・絵　ピカソの絵 ☆♡●
51 夢虹二詩集 武田淑子・絵　とんぼの中にぼくがいる ♡○♥
52 はたちよしこ詩集 まど・みちお・絵　レモンの車輪 □♧
53 大岡信詩集 葉祥明・絵　朝の頌歌 ★☆♡♥◎
54 吉田瑞穂詩集 吉田翠・絵　オホーツク海の月 ★☆♡
55 さとう恭子詩集 村上保・絵　銀のしぶき ★☆♡
56 星乃ミミナ詩集 葉祥明・絵　星空の旅人 ★☆♡
57 葉祥明詩・絵　ありがとう そよ風 ★♡▲
58 青戸かいち詩集 初山滋・絵　双葉と風
59 小野ルミ詩集 和田誠・絵　ゆきふるるん ★☆●♡
60 なぐもはるき詩・絵　たったひとりの読者 ★♡♧

61 小関秀夫詩集 小倉玲子・絵　風《かざ》栞《しおり》 ★♡♥
62 海沼松世詩集 守下さおり・絵　かげろうのなか ☆♡
63 山本龍生詩集 小倉玲子・絵　春行き一番列車 ♡
64 小泉周二詩集 深沢省三・絵　こもりうた ★☆♡
65 かわてせいぞう詩集 若山憲・絵　野原のなかで ♡★♥
66 えぐちまき詩集 赤星亮衛・絵　ぞうのかばん ♡◆♥
67 池田あきつ詩集 小倉玲子・絵　天気雨 ♡
68 藤井則行詩集 君島美知子・絵　友へ ♡♤
69 藤哲生詩集 武田淑子・絵　秋いっぱい ★♠
70 日友靖子詩集 深沢紅子・絵　花天使を見ましたか ★
71 吉田瑞穂詩集 吉田翠・絵　はるおのかきの木 ★
72 小島禄琅詩集 中村陽子・絵　海を越えた蝶 ☆★♥♡
73 にしおまさこ詩集 杉田幸子・絵　あひるの子 ★
74 山下竹二詩集 徳田徳志芸・絵　レモンの木 ★
75 高崎乃理子詩集 奥山英俊・絵　おかあさんの庭 ★♡

76 檜きみこ詩集 広瀬弦・絵　しっぽいっぽん ★●□☆♡
77 たかはしけいこ詩集 高田三郎・絵　おかあさんのにおい ♡♣□
78 星乃ミミナ詩集 深澤邦朗・絵　花かんむり ♥☆♡
79 佐藤照雄詩集 津波信久・絵　沖縄 風と少年 ☆♡★
80 相馬梅子詩集 やなせたかし・絵　真珠のように ♥★
81 小島禄琅詩集 深沢紅子・絵　地球がすきだ ★
82 鈴木美智子詩集 黒澤梧郎・絵　龍のとぶ村 ◇★♥
83 いがらしれいこ詩集 高田三郎・絵　小さなてのひら ☆
84 宮入黎子詩集 小倉玲子・絵　春のトランペット ☆★
85 下田喜久美詩集 方振寧・絵　ルビーの空気をすいました ☆
86 野呂昶詩集 方振寧・絵　銀の矢ふれふれ ★
87 ちよはらまちこ詩集 ちよはらまちこ・絵　パリパリサラダ ★
88 秋原秀夫詩集 徳田徳志芸・絵　地球のうた ☆★
89 中島あやこ詩集 井上緑・絵　もうひとつの部屋 ★
90 藤川こうのすけ詩集 葉祥明・絵　こころインデックス ☆

✼サトウハチロー賞　✣毎日童謡賞
☼三木露風賞
♤福井県すいせん図書
▲神奈川県児童福祉審議会推薦優良図書
♠奈良県教育研究会すいせん図書
❖北海道選定図書　❁三越左千夫少年詩賞
◇静岡県すいせん図書
◎学校図書館図書整備協会選定図書（SLBA）

…ジュニアポエムシリーズ…

91 新井 和詩集 高田 三郎・絵 おばあちゃんの手紙 ☆★
92 はなわたえこ詩集 えばとかつこ・絵 みずたまりのへんじ ★●
93 柏木恵美子詩集 武田 淑子・絵 花のなかの先生 ☆
94 中原千津子詩集 寺内 直美・絵 鳩への手紙 ★
95 髙瀬美代子詩集 小倉 玲子・絵 仲なおり ★
96 杉本深由起詩集 若山 憲・絵 トマトのきぶん ☆★◎ 児文芸新人賞
97 宍倉さとし詩集 守下さおり・絵 海は青いとはかぎらない ♧
98 石井 英行詩集 有賀 忍・絵 おじいちゃんの友だち ■
99 なかのひろ詩集 アサト・シェラ・絵 とうさんのラブレター ☆★
100 小松 静江詩集 藤川 秀之・絵 古自転車のバットマン
101 石原 一輝詩集 加藤 真夢・絵 空になりたい ☆⌘★
102 小泉 周二詩集 西 真里子・絵 誕生日の朝 ☆■★
103 くすのきしげのり童謡 わたなべあきお・絵 いちにのさんかんび ☆★
104 成本 和子詩集 小倉 玲子・絵 生まれておいで ☆★⌘ ♡♧
105 伊藤 政弘詩集 小倉 玲子・絵 心のかたちをした化石 ★

106 川崎 洋子詩集 井戸 妙子・絵 ハンカチの木 □★☆
107 柘植 愛子詩集 油野 誠一・絵 はずかしがりやのコジュケイ ⌘
108 新谷智恵子詩集 葉 祥明・絵 風をください ☆◈✺ ●♡✢
109 金親 尚子詩集 牧 進・絵 あたたかな大地 ☆
110 黒柳 啓子詩集 吉田 翠・絵 父ちゃんの足音 ☆★ ♡□
111 富田 栄子詩集 油野 誠一・絵 にんじん笛 ♡☆
112 原 国子詩集 高畠 純・絵 ゆうべのうちに ☆△
113 宇部 京子詩集 スズキコージ・絵 よいお天気の日に ○□● ☆◇★
114 武鹿 悦子詩集 牧野 鈴子・絵 お花見 ☆□
115 山本なおこ詩集 梅田 俊作・絵 さりさりと雪の降る日 ☆★
116 小林比呂古詩集 おおた慶文・絵 ねこのみち ☆
117 後藤れい子詩集 渡辺あきお・絵 どろんこアイスクリーム ☆
118 重清 良吉詩集 高田 三郎・絵 草の上 ☆□✇ ◆★
119 宮中 雲子詩集 西 真里子・絵 どんな音がするでしょか ✼★
120 前山 敬子詩集 若山 憲・絵 のんびりくらげ ☆★

121 川端 律子詩集 若山 憲・絵 地球の星の上で ♡
122 たかはしけいこ詩集 織茂 恭子・絵 とうちゃん ♡✇♣ ★
123 宮田 滋子詩集 深澤 邦朗・絵 星の家族 ☆●
124 国沢たまき詩集 唐沢 静・絵 新しい空がある
125 池田あきつ詩集 小倉 玲子・絵 かえるの国 ★
126 黒田 恵子詩集 倉島千賀子・絵 ボクのすきなおばあちゃん ☆★♡
127 垣内 磯子詩集 宮崎 照代・絵 よなかのしまうまバス ☆♡★
128 小泉 周二詩集 佐藤 平八・絵 太陽へ ✇★● ☆♡
129 中島 和子詩集 秋里 信子・絵 青い地球としゃぼんだま ☆★
130 のろさかん詩集 福島一二三・絵 天のたて琴 ☆
131 加藤 丈夫詩集 葉 祥明・絵 ただ今 受信中 ☆★
132 北原 悠子詩集 深沢 紅子・絵 あなたがいるから ♡
133 池田もと子詩集 小倉 玲子・絵 おんぷになって ♡
134 鈴木 初江詩集 吉田 翠・絵 はねだしの百合 ★
135 垣内 磯子詩集 今井 俊・絵 かなしいときには ★

△長野県教育委員会すいせん図書　✡㈶日本動物愛護協会推薦図書
◆茨城県推奨図書

…ジュニアポエムシリーズ…

136 秋葉てる代詩集 やなせたかし・絵 おかしのすきな魔法使い ●★

137 青戸かいち詩集 永田萠・絵 小さなさようなら ❀★

138 柏木恵美子詩集 高田三郎・絵 雨のシロホン ♡★

139 藤井則行詩集 阿見みどり・絵 春だから ♡★◎

140 黒田勲子詩集 山中冬児・絵 いのちのみちを

141 南郷芳明詩集 的場豊子・絵 花時計

142 やなせたかし 詩・絵 生きているってふしぎだな

143 内田麟太郎詩集 斎藤隆夫・絵 うみがわらっている

144 しまざきふみ詩集 島崎奈緒・絵 こねこのゆめ ♡

145 糸永えつこ詩集 武井武雄・絵 ふしぎの部屋から ♡

146 石坂きみこ詩集 鈴木英二・絵 風の中へ ♡

147 坂本のこ詩集 坂本こう・絵 ぼくの居場所 ♡

148 島村木綿子 詩・絵 森のたまご ❀

149 楠木しげお詩集 わたせせいぞう・絵 まみちゃんのネコ ★

150 牛尾良子詩集 上矢津・絵 おかあさんの気持ち ♡

151 三越左千夫詩集 阿見みどり・絵 せかいでいちばん大きなかがみ ★

152 水村三千夫詩集 高見八重子・絵 月と子ねずみ

153 川越文子詩集 横松桃子・絵 ぼくの一歩 ふしぎだね ★

154 すずきゆかり詩集 葉祥明・絵 まっすぐ空へ

155 西田純詩集 葉祥明・絵 木の声 水の声

156 清野倭文子詩集 水科舞・絵 ちいさな秘密《ひみつ》

157 川奈静詩集 直江みちる・絵 浜ひるがおはパラボラアンテナ ★◎

158 若木良水詩集 西真里子・絵 光と風の中で

159 牧陽子詩集 渡辺あきお・絵 ねこの詩 ★◎

160 宮田滋子詩集 阿見みどり・絵 愛一輪 ★◎

161 井上灯美子詩集 唐沢静・絵 ことばのくさり ☆●

162 滝波万理子詩集 滝波裕子・絵 みんな王様《おうさま》 ★●

163 冨岡みち詩集 関口コオ・絵 かぞえられへん せんぞさん ★

164 垣内磯子詩集 辻恵子・切り絵 緑色のライオン ★◎

165 すぎもとれいこ詩集 平井辰夫・絵 ちょっといいことあったとき ★

166 岡田喜代子詩集 おぐらひろかず・絵 千年の音 ★☆◎

167 川奈静詩集 直江みちる・絵 ひもの屋さんの空 ★◎☆♥♡

168 鶴岡千代子詩集 武田淑子・絵 白い花火 ★☆

169 井上灯美子詩集 唐沢静・絵 ちいさい空をノックノック ★◎☆

170 尾崎杏子詩集 ひなた山すじゅう郎・絵 海辺のほいくえん ☆♡★◎

171 柘植愛子詩集 やなせたかし・絵 たんぽぽ線路 ☆♡★◎●

172 小林比呂古詩集 うめざわのりお・絵 横須賀スケッチ ☆★◎♡▲

173 林佐知子詩集 串田敦子・絵 きょうという日 ☆★◎♡▲

174 後藤基宗子詩集 岡澤由紀子・絵 風とあくしゅ ☆♥★◎♡

175 土屋律子詩集 高瀬のぶえ・絵 るすばんカレー ☆♡★◎▲

176 三輪アイ子詩集 深沢邦朗・絵 かたぐるましてよ ★☆♡

177 田辺瑞美子詩集 西真里子・絵 地球賛歌 ☆★◎

178 高瀬美代子詩集 小倉玲子・絵 オカリナを吹く少女 ☆♡

179 中野惠子詩集 串田敦子・絵 コロポックルでておいで ★♡☆●

180 松井節子詩集 阿見みどり・絵 風が遊びにきている ★☆♡▲

…ジュニアポエムシリーズ…

181 新谷智恵子詩集 徳田徳志芸・絵 とびたいペンギン 佐世保文学賞 ♡★◎▲
182 牛尾良子詩集 牛尾征治・写真 庭のおしゃべり ♡★◎
183 三枝ますみ詩集 髙見八重子・絵 サバンナの子守歌 ☆★
184 佐藤雅子詩集 佐藤太清・絵 菊池治子・絵 空の牧場《まきば》 ☆★♡■◎◈
185 山内弘子詩集 おぐらひろかず・絵 思い出のポケット ♡★●
186 山内弘子詩集 阿見みどり・絵 花の旅人 ♡★▲
187 原国子詩集 牧野鈴子・絵 小鳥のしらせ ♡★△◎
188 人見敬子 詩・絵 方舟《はこぶね》地球号 —いのちは元気— ♡★◎
189 林佐知子詩集 串田敦子・絵 天にまっすぐ ★☆♡◎
190 小臣富子詩集 渡辺あきお・絵 わんさかわんさかどうぶつさん ✡♡★◎
191 川越文子詩集 かまだちえみ・写真 もうすぐだからね ♡★◎
192 永田喜久男詩集 武田淑子・絵 はんぶんごっこ ☆★◎♡
193 吉田房子詩集 大和田明代・絵 大地はすごい ★◎♡
194 石井春香詩集 髙見八重子・絵 人魚の祈り ★♡
195 石原一輝詩集 小倉玲子・絵 雲のひるね ♡

196 たかはしけいこ詩集 髙橋敏彦・絵 そのあと ひとは ★
197 宮田滋子詩集 おおた慶文・絵 風がふく日のお星さま ★♡◎
198 渡辺恵美子詩集 つるみゆき・絵 空をひとりじめ ★♡●
199 宮中雲子詩集 西真里子・絵 手と手のうた ★
200 杉本深由起詩集 太田大八・絵 漢字のかんじ ★♡✿
201 井上灯美子詩集 唐沢静・絵 心の窓が目だったら ★♡
202 峰松晶子詩集 おおた慶文・絵 きばなコスモスの道 ★♡
203 高橋文子詩集 山中桃子・絵 八丈太鼓 ★♡
204 長野貴子詩集 武田淑子・絵 星座の散歩 ★♡
205 江口正子詩集 髙見八重子・絵 水の勇気 ♡☆★
206 藤本美智子 詩・絵 緑のふんすい ☆♡★
207 林佐知子詩集 串田敦子・絵 春はどどど ♡★◎
208 小関秀夫詩集 阿見みどり・絵 風のほとり ☆♡★
209 宗美津子詩集 宗信寛・絵 きたのもりのシマフクロウ ♡★
210 かわてせいぞう詩集 髙橋敏彦・絵 流れのある風景 ☆♡★

211 土屋律子詩集 高瀬のぶえ・絵 ただいまぁ ★♡☆◎
212 永田喜久男詩集 武田淑子・絵 かえっておいで ☆♡★
213 みたみちこ詩集 牧進・絵 いのちの色 ♡★
214 糸永えつこ詩集 糸永わかこ・絵 母です 息子です おかまいなく ♡☆★
215 宮田滋子詩集 武田淑子・絵 さくらが走る ♡☆★●
216 柏木恵美子詩集 吉野晃希男・絵 ひとりぽっちの子クジラ ♡★◎
217 江口正子詩集 髙見八重子・絵 小さな勇気 ♡☆★
218 井上灯美子詩集 唐沢静・絵 いろのエンゼル ★♡
219 中島あやこ詩集 日向山寿十郎・絵 駅伝競走 ★☆♡
220 高橋孝治詩集 髙見八重子・絵 空の道 心の道 ★♡
221 江口正子詩集 日向山寿十郎・絵 勇気の子 ♡☆★
222 宮田滋子詩集 牧野鈴子・絵 白鳥よ ☆★
223 井上良子詩集 銅版画 太陽の指環 ★
224 川越文子詩集 山中桃子・絵 魔法のことば ♡☆★
225 西本みさこ詩集 上司かのん・絵 いつもいっしょ ☆♡

…ジュニアポエムシリーズ…

226 おばらいちこ詩集 髙見八重子・絵 ぞうのジャンボ ☆★♡
227 吉田房子詩集 本田あまね・絵 まわしてみたい石臼 ★♡
228 吉田房子詩集 阿見みどり・絵 花 詩 集 ★♡◎
229 田中たみ子詩集 唐沢静・絵 へこたれんよ ★◎
230 林佐知子詩集 串田敦子・絵 この空につながる ★♡
231 藤本美智子 詩・絵 心のふうせん ★♡
232 火星雅範詩集 西川律子・絵 ささぶねうかべたよ ★♡▲
233 吉田房子詩集 岸田歌子・絵 ゆりかごのうた ★♡
234 むらかみみちこ詩集 むらかみみちこ むらかみあくる・絵 風のゆうびんやさん ★♡
235 白谷玲花詩集 阿見みどり・絵 柳川白秋めぐりの詩 ★♡
236 ほさかとしこ詩集 内山つとむ・絵 神さまと小鳥 ★☆♡
237 内田麟太郎詩集 長野ヒデ子・絵 まぜごはん ☆★◎♡▲
238 小林比呂古詩集 出口雄大・絵 きりりと一直線 ♡★
239 牛尾良子詩集 おぐらひろかず・絵 うしの土鈴とうさぎの土鈴 ★◎♡
240 山本純子詩集 ルイコ・絵 ふ ふ ふ ★♡☆◎

241 神田亮 詩・絵 天使の翼 ★☆♡
242 かんざわみえ詩集 阿見みどり・絵 子供の心大人の心さ迷いながら ☆★◎▲
243 永田喜久男詩集 内山つとむ・絵 つながっていく ★☆♡
244 浜野木碧 詩・絵 海原散歩 ☆★◎♡
245 やまうち・しゅうへい詩集 山本省三・絵 風のおくりもの ☆★◎♡
246 すぎもとれいこ 詩・絵 てんきになあれ ★◎
247 冨岡みち詩集 加藤真夢・絵 地球は家族 ひとつだよ ♡☆◎★
248 北野千賀詩集 滝波裕子・絵 花束のように ♡☆★◎
249 石原一輝詩集 加藤真夢・絵 ぼくらのうた ♡★◎
250 土屋律子詩集 高瀬のぶえ・絵 まほうのくつ ♡☆★◎
251 津坂治男詩集 井上良子・絵 白い太陽 ☆♡★◎
252 石井英行詩集 よしだちなつ・表紙絵 野原くん ☆★♡◎▲
253 井上灯美子詩集 唐沢静・絵 たからもの ☆♡★
254 大竹典子詩集 加藤真夢・絵 おたんじょう ☆★
255 たかはしけいこ詩集 織茂恭子・絵 流 れ 星 ★♡

256 谷川俊太郎詩集 下田昌克・絵 そ し て ♡★◎
257 なんば・みちこ詩集 布下満・絵 トックントックン 大空で大地で ★◎
258 宮本美智子詩集 阿見みどり・絵 夢の中に そっと ★◎♡
259 成本和子詩集 阿見みどり・絵 天使の梯子 ★◎
260 海野文音詩集 牧野鈴子・絵 ナンドデモ ★♡
261 熊谷本郷詩集 永田萠・絵 かあさん かあさん ★♡
262 大楠翠詩集 吉野晃希男・絵 おにいちゃんの紙飛行機 ★♡●
263 久保恵子詩集 たかせちなつ・絵 わたしの心は 風に舞う ★♡
264 みずかみさやか詩集 葉祥明・絵 五月の空のように ★♡
265 尾崎昭代詩集 中辻アヤ子・絵 たんぽぽの日 ★
266 はやしゆみ詩集 渡辺あきお・絵 わたしはきっと小鳥 ★
267 田沢節子詩集 永田萠・絵 わき水ぷっくん △★♡
268 柘植愛子詩集 そねはらまさえ・絵 赤いながぐつ ★♡
269 馬場与志子詩集 日向山寿十郎・絵 ジャンケンポンでかくれんぼ ♡★
270 内田麟太郎詩集 高畠純・絵 たぬきのたまご ★

…ジュニアポエムシリーズ…

271 むらかみみちこ 詩・絵 家族のアルバム ★

272 井上 和子詩集 吉田 瑠美・絵 風のあかちゃん ★

273 佐藤 一志詩集 日向山寿十郎・絵 自然の不思議 ♡

274 小沢 千恵 詩・絵 やわらかな地球 ♡

275 あべこうぞう詩集 大谷さなえ・絵 生きているしるし ♡

276 宮田 滋子詩集 田中 槇子・絵 チューリップのこもりうた

277 林 佐知子詩集 葉 祥明・絵 空の日

278 いしがいようこ 詩・絵 ゆれる悲しみ

279 村瀬 保子詩集 武田 淑子・絵 すきとおる朝

280 あわゆりこ詩集 高畠 純・絵 まねっこ

281 川越 文子詩集 福田 岩緒・絵 赤い車

282 白石はるみ詩集 かないゆみこ・絵 エリーゼのために

283 尾崎 杏子詩集 日向山寿十郎・絵 ぼくの北極星

＊刊行の順番はシリーズ番号と異なる場合があります。

ジュニアポエムシリーズは、子どもにもわかる言葉で真実の世界をうたう個人詩集のシリーズです。

本シリーズからは、毎回多くの作品が教科書等の掲載詩に選ばれており、1974年以来、全国の小・中学校の図書館や公共図書館等で、長く、広く、読み継がれています。

心を育むポエムの世界。

一人でも多くの子どもや大人に豊かなポエムの世界が届くよう、ジュニアポエムシリーズはこれからも小さな灯をともし続けて参ります。

銀の小箱シリーズ

葉 祥明 詩・絵　小さな庭

若山 憲 詩・絵　白い煙突

こばやしひろこ・詩　うめざわのりお・絵　みんななかよし

江口正子・詩　油野誠一・絵　みてみたい

やなせたかし 詩・絵　あこがれよなかよくしよう

冨岡みち・詩　関口コオ・絵　ないしょやで

小林比呂古・詩　神谷健雄・絵　花かたみ

小泉周二・詩　辻 友紀子・絵　誕生日・おめでとう

柏原耿子・詩　阿見みどり・絵　アハハ・ウフフ・オホホ★♡▲

こばやしひろこ・詩　うめざわのりお・絵　ジャムパンみたいなお月さま★▲

銀の鈴文庫

小沢千恵・詩　下田昌克・絵　あのこ♡

すずのねえほん

たかはしけいこ・詩　中釜浩一郎・絵　わたし★◎

尾上尚子・詩　小倉玲子・絵　ぽわぽわん

糸永えつこ・詩　高見八重子・絵　はる なつ あき ふゆ もうひとつ★ 児文芸新人賞

山口敦子・詩　高橋宏幸・絵　ばあばとあそぼう

あらい・まさはる・童謡　しのはらはれみ・絵　けさいちばんのおはようさん

佐藤雅子・詩　佐藤太清・絵　こもりうたのように● 日本童謡賞　美しい日本の12ヵ月

柏木隆雄・詩　やなせたかし他・絵　かんさつ日記★♡

アンソロジー

渡辺浦人・編　村上保・絵　赤い鳥 青い鳥●

わたげの会・編　渡辺あきお・絵　花ひらく★

木曜会・編　西真里子・絵　いまも星はでている★

木曜会・編　西真里子・絵　いったりきたり♡

木曜会・編　西真里子・絵　宇宙からのメッセージ

木曜会・編　西真里子・絵　地球のキャッチボール★◎

木曜会・編　西真里子・絵　おにぎりとんがった☆★◎

木曜会・編　西真里子・絵　みぃーつけた♡★◎

木曜会・編　西真里子・絵　ドキドキがとまらない

木曜会・編　西真里子・絵　神さまのお通り★

木曜会・編　西真里子・絵　公園の日だまりで★♡

木曜会・編　西真里子・絵　ねこがのびをする♡★

掌の本 アンソロジー

こころの詩 I

しぜんの詩 I

いのちの詩 I

ありがとうの詩 I

詩集 希望

詩集 家族

いのちの詩集―いきものと野菜

ことばの詩集―方言と手紙

詩集―夢・おめでとう

詩集―ふるさと・旅立ち

心に残る本を　そっとポケットに　しのばせて…

・A7判（文庫本の半分サイズ）　・上製、箔押し